саша лавут

следующая остановка

стихи 2021-2023

саша лавут родился в москве в 2006 году. учился до 9 класса в школе № 57. с 2019 года открыто выступал против политических репрессий и войны, участвовал в акциях протеста. после начала войны с украиной принял решение уехать из россии. в мае 2022 года переехал во францию, где позже получил политическое убежище. живет и учится в париже.

саша лавут
следующая остановка
стихи 2021-2023
филадельфия, сша, 2024 – 51 с.
обложка: наталья евгеньевна броуде
все права защищены

sasha lavut
next station
poems 2021-2023
philadelphia, USA, 2024 – 51 p.
cover by natalia broude

ISBN 979-8-9858179-7-3

Published by Paul Mostinski, Philadelphia

Нет, не спрятаться мне от великой муры
За извозчичью спину — Москву,
Я трамвайная вишенка страшной поры
И не знаю, зачем я живу.

Мы с тобою поедем на «А» и на «Б»
Посмотреть, кто скорее умрет,
А она то сжимается, как воробей,
То растет, как воздушный пирог.

И едва успевает грозить из угла —
Ты как хочешь, а я не рискну!
У кого под перчаткой не хватит тепла,
Чтоб объездить всю курву Москву.

Апрель 1931
О. Э. Мандельштам

***

прошел уж год, снимают пыль с полотен
слова приобретает детский щебет
а я перехожу на тонкий шепот
как некто в келье, тихий шорох
уже не свой, еще не отлученный

мой пеликан взлетел на небо
где стая стае не родня
где облака из крошек хлеба
и в облаках не слышно дня

пусть где-то глубоко внутри
мой север выдержит юга
пусть громкий человечий крик

разрежет линии врага
и посреди чужого горя

из моря выйдут берега

***

я забываю стихи
и пословицы,
что усердно учил
так много лет.
меня чуть не сдул
наглеющий ветер,
зачистивший наш
тлеющий век.

улетает лицей,
за ним — петроград,
заснула москва
и третий трамвай.
империи рушатся,
слышен смех войн:
за кадишем — троя,
за соммой — херсон.

и наши слова
звучали так складно:
звоном метала,
глаголом времен;
как сложно теперь
сказать что-то точно —
все побелело,
кроме имен.

дача

у тебя уши-пельмени они говорили
заснеженная дорожка до родника
как бы не поскользнуться
как бы не заблудиться домой
теплыми днями играли в футбол
все штаны в грязном песке
шипение чайника где-то там на кухне
из дома в дом из гостей в гости
елки сосны пихты лезут в глаза
иголки путаются в пальцах ног
приятный запах костра и покошенной папой
травы
потом шашлыки а на второе кебабы
все болтают
поход в поле
посиделки ночью у мангала
доставая велики из гаража стискиваю зубы от
скрипа старой двери
где-то едет электричка
представляю ее длинное наполненное
людьми несущееся не пойми куда тело
речка усталость
снова посиделки
мама собаки
снова сумерки цикады
хотя конечно я не верю что цикады
скорее кузнечики
садясь маме на коленки стараюсь забраться
поглубже соединиться совсем
но скоро придется вставать расставаться
дача осталась во мне

***

на нашей кухоньке, где кафель,
потрескавшись вздыхает,
там некогда сидел, покуривая трубку,
в кругу друзей и клюковки,
огороженный стенами
и ласковыми бликами
порой лучей, порой торшера,
мой тезка и однофамилец.
прищурившись, он метко
смотрел в глаза людей,
таинственный и тихий,
горбатый чародей.

я бегал босоногий по шаткому паркету
носил однофамильцу, тезке,
то воду, то газету.
из недр окна к нему на чтиво
падал тусклый свет,
а он внимательно читал,
не пропуская ни одну,
из стопки аккуратно собранных газет.

мы мастерили луки из орешника,
его не жалко,
он быстро отрастает,
а в перерывах между этим делом —
бывало шахматы, обед,
а может даже завтрак.
на даче время шло совсем иначе
и аромат истлевших веток,
и лай тайканчика у входа,
все заглушало мою грусть,
грусть ссыльного ребенка —

вдали от города и дома.
во всяком случае тогда,
я чувствовал жестокую обиду,
ведь, очевидно, без меня
все важное в столице,
все непременно сбудется, случится.

а потом он ушел, слегка ковыляя,
с палкой и в кепке,
в пальто и с тележкой,
безмолвно и тихо,
трубкой дымя.

он отпечатался во мне
предка прозрачною печатью,
я сам чернилами ее
заполнить был обязан.
чётко,
дабы запомнить навсегда,
дабы сказать то слово, — память,
дабы узнать тебя,
однофамилец, тезка.
наверное, сейчас я был бы рад
знакомому сопенью,
размеренно дышащей трубке в такт,
и шахматным победам, пораженьям.
но нет тебя и нету дома,
и только память все еще жива
о тех, кому свобода тихая знакома,
о тех, чьи носим имена.

***

Мне казалось тогда, что если бы Сван прочел мое письмо и угадал его цель, то очень посмеялся бы над только что испытанными мною мучениями; между тем, напротив, как я узнал об этом позже, тоска, подобная моей, была мукой долгих лет его жизни, и никто, может быть, не способен был бы понять меня так хорошо, как он; тоску эту, которую испытываешь, думая, что любимое существо веселится где-то, где тебя нет, куда ты не можешь пойти...

(М. Пруст)

глубокая зелень обступила город
съела его серую глупость
в такие дни бывают сумерки
когда хочется на вокзал
сесть в электричку и поехать туда
где тебя ждут

в такие дни люди замолкают
и слушают разговоры птиц
запах краски и белые тела деревьев
машины устают
и весна наводняет сухие надежды
мнимым ветром свободы

зеленый всегда был маминым цветом
будто все дети апреля зеленые
она часто уходила в поле
сливаясь с ним, становясь колоском

когда она читала жуковского
мне казалось что она видела тот лес
и что крестик святой нино
часто лежавший в шкатулке
это не просто так

мама говорила
что мне нельзя в тюрьму
потому что мы принадлежим природе
и мы вольные звери
как птицы и волки
мы флора и фауна
мы рыбы и на лапках у нас чешуя

когда я вырос
мама научила меня говорить
мы щебетали друг другу
выдуманные слова
о том, что хотелось бы сохранить

ведь самое страшное
забыть свое детство
привычную слуху местность
маленькие слова
давно канувшие в вечность
кухонные сигареты
и песни, которые мы пели
свежим
веселым
ветром

когда загорится зеленый
мы уедем и не вернемся

***

закончились поиски времени
что потеряно — то потеряно
подрастают уже щеночки
и стареют резвые девочки
разрываются сложные пазлы
удаляются чуткие лица
раз растаяло белое масло
пусть растает и белая птица
и приливом зашепчется море
ударяясь лицом в берега
я засну в предвкушении звука
и проснусь на ковре изо мха

бывают странные сближения

два трамвая
с разными номерами
два маршрута
не пересекаясь
идем по улицам
параллельно
сближаюсь
мигаю фарой

случайно

тоннель
мы были парой
теперь я одинок и
безымянен как апрель

***

война началась зимой
а завтра было лето
птица взмахнула крылом
трамвай покатился по рельсам
у тебя мешки под глазами
и сердце где-то во льдах
в своих ненасытных мольбах
лишь пеплом покроешь всю память
но не сможешь вернуться
в холод
назад

***

мне слышаться буквы
которые напечатали
знакомые бледные руки
уже на другом языке
как будто мы не знакомы
но знаем друг друга
на уровне запаха
взгляда касания звука

лучше сказать чем не сказать
важнее песня или голос?
уже не страшно забывать
свой диалект и подпись
хотя и пропускать слова
как будто тонешь страшно
страшнее слышать буквы
что были созданы молчать

но я все чаще слышу их
спокойное стояние
и в громком городе
где я недвижимый притих
они как робкое напоминание
мне говорят:

запомни руки губы и глаза
и сохрани оракул уши
мы мигдаль бавель и для вас
мы вечным запахом страниц
неосушимым океаном
змеей округ ствола длиною в цепь
всегда и непременно будем

лес

в глуши лесной
я забываю о любви
высокие деревья
словно руки из земли
мое лицо ладонями закрыли

нет слов что убегут отсюда
меня никто не слышит
и корни проросли
сквозь почву глубоко
и я стою глухонемой
и недвижимый

а ведь когда-то
мы здесь ходили по грибы
и почва нас баюкала качая
а дальше за оврагом
было поле
была жизнь

мой поезд тронулся
платформа
осталась точкой позади
твои глаза следят за небом
съедая небо
заливаясь голубым

изящной тенью
тонкой струйкой
ты просочилась сквозь листву
и стала небом
где обернувшись человеком
слова боролись
с смертью

станция

посвящается д. г.

я стою на платформе
пожираемый тишиной
сильный и хрупкий сцевола
с отмерзшей правой рукой

поезд крадется по рельсам
скрытым слоями снегов
минуя сугроб за сугробом
сквозь сотни полей и лесов

и вот мы готовы ко встрече
священной земли пилигримы
теплом омывают фонарики
вагонов проехавших мимо

***

деревья сняли листья
и покрылись небом
перед уходящим фебом
все замолчало в тихом торжестве
заснули города
смешалось время
и места
и лишь земля
соединяла нас
окаменелая и грубая
и рухнули дома
и не за что цепляться
мы оказались в безвременье
и счетчик нам
железная зима
осеннее смиренье

отрывок

бег по полотнам сезанна
слова убегают как тени
и где-то под ухом горланит цикада
баюкая страшное время

ты смотришь в меня спокойно и холодно
каменным взглядом олимпии
и если бы глаз был рукой или телом
мы бы снова как будто бы ожили

я помню как смех завыванье собак
и зов гулких улиц-бульваров
запихай меня лучше книгою в шкаф
той что все давно прочитали

мои пальцы обуглились
и сердце как будто под градом
а когда-то мы пели плясали
и звезды ласкали нас взглядом

***

мне бы набрать в грудь тишину
что говорит со мной в ночи
где закричит цикада в вышину
точа усы как точат мечи палачи
в ночи где звезды от руки
мы рисовали акварелью
где теплый ветер пробежит
коснувшись уха робкой трелью
в ночи где что-то каждый раз
спокойствие разрежет звуком
где каждый всюду будет паз
и клин в стране пустот-ракушек

***

куда идти, куда податься
в этом усталом декабре?
я как в рождественском романсе,
плыву луною, что во мгле
все ищет площадь пред сенатом
и колоннады полукруг,
сухарь и чистые с бульваром,
где ждет меня мой милый друг.

ведь все теперь перевернулось —
и раб давно уж государь,
но тень свою под тению сатурна
себе я не позволю потерять.
и пусть под солнцем буду ночью,
и пусть луна взойдет ко дню,
но строгий ритм чужих строчек
до смерти самой сохраню.

***

уже объятий не хватает
и солнце тихо укатилось
а в темноте совсем светло
как будто связь еще продлилась
но не хватает даже слова
скажи мне, что тебе сказать?
все сказано. и снова
все люди удалились спать
всегда чего-то не хватает
и мы покрывшись чешуей
беспомощно глотаем воздух
и наполняем глотку пустотой
но и ее нам не хватает
не развернуться тут никак
пусть завтра мы проснемся утром
и в пустоте узнаем что сказать

***

мне б укрыться плотной метелью,
что пахнет морозной свободой,
и кружиться с уставшими елями,
нарушая зимний покой.
по хрустящему нежному снегу,
прыгая между платформами,
добежать, закурив сигарету,
мимо ленина — к теплому дому.

мне бы очень хотелось и вновь
смотреть на тебя сиротой,
как на первый декабрьский снег,
как на свой потерянный век.
но, прости, я проспал остановку,
я растаял прошедшей зимой.
в рождество, лишившийся дома,
упаду к тебе грустной звездой.

к 9 мая

у крови изменился вкус
и больше я ее не узнаю
как будто бы во мне течет
чужой ручей, чужих краев

зачем теперь игра в слова
на языке умерших душ?
мы вновь услышим снегиря
под громкий яростный салют

и прыгнув радостно в трамвай
помашет ручкой мальчик
простится новый город N
под землю погружаясь.

саша лавут

***

стояли у басманного суда
я прогуливал школу
видел знакомые лица
мы ждали того момента

когда
из игрушечной машины полиции
выведут наших друзей
знакомых
коллег
выведут нас
и все закричат наше имя

и оно словно шарик повиснет
и птицы будут кружить
а мимо
как бы прохожим
подует ветер
молодости

кома

вчера я впервые поговорил
с мамой по телефону.
раньше все решалось по переписке.
сейчас она в будапеште.
и между нами
около двух тысяч километров.
она дышала в трубку и обещала,
что приедет.
я в это не верю.
границы закроют.
или уже закрыли.
мне не хочется уезжать
я впервые почувствовал груз,
притягивающий меня к этому городу.
я пройдусь в последний раз по Покровке,
текущей рекой из машин.
пройдусь по переулкам,
по бульвару, мимо пруда,
над которым
склонились обветшалые дома,
как будто мертвые внутри.
я последний раз прыгну
в уезжающий трамвай,
где услышу глухое громыхание
колес и бессмысленные разговоры немногих,
добиравшихся домой
в тот час.

пару дней назад я впервые осознал,
что не могу говорить ни о чем,
кроме одного.
тема одна
и больше ничего.
мы говорили о еде или новом фильме.
а у меня из груди рвалось запретное
«нет войне с Украиной».

я молчал, понимая,
что они забьют меня палками,
что для них главное «отвлечься»,
ведь «всем сейчас тяжко».
я будто заткнулся в банку с копотью,
в которой нечем дышать
и вокруг меня взрывы и моя рука —локоть,
кисть, пальцы —
отказывается писать.

я в последний раз говорил с ними,
я не могу делать вид,
что все хорошо,
делать вид,
что где-то летит белый голубь,
что я все еще человек
и что честное слово не поддастся реальности.

двадцать четвертого февраля я впервые
вышел на митинг.
все ритмично хлопали в ладоши и кричали
«Путина в Гаагу»,
в какой-то момент я вспомнил демонстрацию
в Барселоне
и в громких молодых голосах мне
послышался
этот мелодичный латинский такт.
каждый удар в ладоши отзывался лязгом
ножа по сердцу.
мои руки быстро окаменели и я перестал их
чувствовать, но кричал.
каждый удар

ладонь

об

ладонь

отдавался металлической гулкой болью.
а после я бежал и была давка.
зато дубинка упала мимо.
последний раз такое было прошлой зимой,
но я уже смутно помню,
возвращаясь домой
я не хочу об этом думать.

мама осталась.
я в ереване.
друзья вроде рады.

все это было после точки,
что мне поставила моя страна,
все это — до, а это — после,
как будто делаю все вещи
в первый и последний раз
пред тем, как началась война.

***

доносятся капли птичьих голосов
светает
о чем они голосят?
о чем шепчутся, солнце встречая?
я никогда их не видел
их голоса словно ветер
откуда он, ветер?
откуда птицы кричат?

их не найти
не пресечь
разве они на деревьях?
они внутри нас
поют свои трели
и печень терзают

откровение I

мама рыдала
мы ехали из аэропорта
папа говорил с француженкой по телефону
в воздухе веяло пустотой и у меня не находилось
слов или глотков чтобы проглотить весь этот ком

мама рыдала
мы проезжали мечеть и слушали французскую
музыку
включилась марсельеза
мама сделала громче и папа открыл все окна
мы ехали и единым треглавым голосом пели песню
свободы
мне казалось они учили ее раньше в школе

мама рыдала
мы пели и уже поворачивали к дому
папа пел со свойственным ему выражением
болтая головой и выдыхая каждое слово так чтобы
больше его не вдохнуть
мама говорит что у него хороший французский
акцент

мама рыдала
мы нехотя вышли из машины
в голове все еще играла марсельеза
тремя голосами и я боялся выпустить
из нее хоть один

мама рыдала
и я зарыдал
и во мне все рыдала
она
тремя голосами

откровение II

горят леса, поля истлели.
и нету больше зелени краев,
и воздух серый, едкий, безысходный
трещит огнями
и смертью сладостной орет.
часы уже остановились
и с этого момента они идут наоборот.
и жажда крови снова
пронизывает каждый вдох.

за мертвой ледяной скалой
лежали мать и олененок,
дыханье их в плечо друг другу
сливалось с тишиной.
они одни в ночи студеной
искали голос ярких звезд
и мама на ухо шептала олененку:

«послушай, милый олененок,
моя слеза совсем слилась с твоей,
мы плачем вместе, и с нами плачет месяц,
грозящийся упасть с небес,
как птица пулей пораженная.

не бойся, милый, ты вырастешь оленем
прекрасным, гордым и свободным.
ты будешь бороздить поля широким бегом

вдали от горя и тревог
запомни навсегда эти объятья,
запомни слезы, что блестят
на твоей гладкой шерсти,
запомни рвущийся звук сердца
играющий вдвоем с моим.

оставь меня и ускачи,
прошу, лети немедля.
пришли ужасны времена
и дома больше нету.
лети скорей, а я останусь встретить
для нас обоих грудью смерть».

***

мы обнимаем крепче и протяжней,
надеясь сделать дольше тот момент
объятий друга, как будто бы в последний раз,
как будто бы перед разлукой.

мы учимся жить заново и заново читать
стихотворения про первое сентября
тысяча девятьсот тридцать девятого года,
будто это происходило вчера. и сегодня.

***

она пролезет, словно червь, в сознанье
и проест все то, что знал и знаешь.
все то, что помнишь. она отнимет все воспоминанья
о той площадке, где падал, взбираясь
на крышу той дурацкой башни,
той улице, где плакал о любимой барышне,
то сердце сладкое из братьев караваевых,
которое заставляло сердце биться чаще.
она тебя разрушит изнутри,
сломает все то святое, из чего ты состоишь
и без чего ты лишь живая пустота.
она ревнивая свинцовая игла,
способна ниткою прошить все твое тело так,
чтоб больше никогда ты не узнал его.

она везде вокруг
и только в черепной коробке,
как ненавистная трель, придуманная,
чтобы сводить с ума.

и все, что будет в голове, — лишь только пение
той маленькой весенней птицы с глазами-бусинками
и красным милым брюшком
(точно помню, где-то в книжке на картинке видел).

и все, что будет перед взором — блеющий конь и бык,
смотрящий искоса печально, ног неисчислимые слои,
люди, стоящие над могилами сыновей и братьев,
переполох, беспомощность, непониманье.
я выйду из комнаты, осознавая:

она придет.
наверное,
завтра.

***

не поесть
не попить
ничего не поделать
не прочесть
не присесть
ничего не увидеть

я маленький мальчик
лимон в молоке
кому я?
на что я?
иголка еловая
где-то во тьме

и скалится небо
виснет на голову
давит сильней
как бы спрессовывая
убирая ненужное
убирая ничтожное
обливая их голых
холодной водой

перевязаны руки
и вроде от раны
но бинты все
сжимают
сжимают
и ранят
и ранят

там где-то три бомбы
там где-то две девочки
и небо не скалится
хоронит их вечером

инструкция

отрекитесь от мертвецов
закопайте их глубже
их голоса все еще с вами
копайте
копайте
копайте пока земля сырая
копайте пока не пришли заморозки
копайте пока вас не расстреляли

глаза можно не открывать
на глаза можно надавить
увидите новое
вспышки
круги

когда падаешь держи руки за спиной
когда падаешь группируйся хорошо
когда падаешь не задень остальных
своими слабыми но длинным руками ты
потянешь их вниз молодых
они упадут с тобой
и наверху не останется никого
никого кто выстоит
никого кто не сдастся
никого кто продолжит копать им могилы
могилы для тех о ком
вы еще не забыли

саша лавут

***

раньше по полям ложились семена
благородная цветущая земля
теперь поглотит только имена
десятков в выемках погибших

им конь и плуг могилу уготовят
а дождь сотрет из памяти деревьев
смертельно белый трупов ряд
закрытыми глазами смотрит в небо

б
у
ч
а

рука
нога
и ноготь
рука нога
возможно голова
рука нога
кусок ребра
рука нога
и мочка уха
рука нога
и два-три зуба
рука нога
немного пальцев
рука нога
отдел сердечный
рука нога
и пара легких
рука нога
сетчатка глаза
рука нога
и позвоночник
рука нога
рука ног
рука но
рука н
рука
рук
ру
р
белая лента

дитя

когда закрываются двери
моя дочка падает вниз
лицом прислоняется к полу
лежит лежит лежит
в метро мы больше не ездим
кто знает звук или взрыв
наверное показалось
она все лежит и лежит
вчера ей исполнилось восемь
на площадки мы больше не ходим
дождь или град
птица не та полетит

моя дочь отбирает слова
как мне с ней говорить?
я смотрю на нее, ей в глаза
а язык хочу проглотить

мы уехали из украины
покинули край где росли
край усыпанный трупами
где утром нету росы

я везла с собой теплую руку
руку и больше ничто
ту руку что отведет меня
туда где вечно светло

постановление

труби в голубой рог
ходи по пустым домам
не ешь никогда форель
будь бдителен как никогда
твои перышки скоро закончатся
и нечем будет писать
на бумаге кровавою линией
друзей твоих имена

счётчик

еще поговорим о тридцать седьмом
бессмысленным плавучим языком
петляющим меж комнат и домов
меж речек сосен и лесов
и вместо глаз орбиты
и где-то ухает сова
и двери наглухо закрыты
чтоб не были слышны слова
поговорим еще
пройдемся по родной россии
а ты какой по счету?
я — три семь шесть два один

мокрый снег

покрой меня мокрым снегом,
чтобы дрогнул, чтобы намок.
укрой меня мокрым снегом,
сохрани хоть кусочек, комок.
укрой так, чтоб была темнота,
чтобы было прохладно, как в погребе,
чтобы вечно стояла зима,
как в тот день, когда друг от друга
мы отмерли.

саша лавут

***

лишь яблони запомнят
наши ночные силуэты
склонившись над зимой
в дыму костра и лета

в меланхоличном вздохе
последний бросит взгляд
на мертвую весну в окопе
без яблок яблоневый сад

пусть упадут деревья
не пережив осенний град
пусть зацветет подснежник
встречая последний парад

зимний полет

стихи бьются о голову
когда их совсем не ждешь

смех сменяется паузой
глухой и мутной как дождь

слова потеряли буквы
звуки покинули речь

и словно мы иностранцы
успевшие очерстветь

а хочется мягкой вуалью
опасть на легкий сугроб

коснуться бледной рукой
забыв сочетания слов

***

нащупал вену
надувшаяся и дышащая
она прильнула к пальцам
теплой рекой по ней текут улицы
дома арки площади
встречаются башни
порой и дворики

она течет и течет
прорезает все что внутри

она течет и течет
заставляет помнить

она течет и течет
сдавливает шею

она течет и течет
стикс или нил

нащупал вену
провел аккуратно пальцами
почувствовал город
тот которого так не хватает
тот в котором бульвары
в котором трамваи
и пере
улочки
тот в котором все они
которых так не хватает

разговоры I

давай по крупицам
давай по веревочке
держась за руки
будем как дети
давай не будем взрослыми
и бросим по камешку
побежим по воде
прыжок за прыжком
капля за каплей
по воде по воде
по воде

давай остановим время
как раньше уже не будет
давай по крупицам
милая
давай по веревочке будем

давай не терять обоняние
ведь мы как будто бы рядом
как будто лежим на траве
и глазами звезды глотаем
колонна колонной
как в парфеноне
одна за одной
одна за одну
и пусть в нас текут
разные реки
давай по крупицам
давай по веревочке
давай за руку
не будем взрослее
будем как дети навеки

разговоры II

покажи мне как пахнут яблоки
чтобы дрожь пробежала
по пальцам руки
чтобы снова и вьюгу и море
сквозь себя словно ниткой прошить
прищеми меня дверью трамвая
как у рыбы нащупай чешуйки
проткни мое тело размякшее
кисти холодною струйкой
отведи меня за руку к озеру
в нем исчезну
тростинкой шурша
наверное там моя родина
наверное там и душа

я не вижу солнечных лучей
и лед подо мною все тоньше
как птица с голыми крыльями
я падаю прямо в полете
вырви меня с корнями
со свежим кусочком земли
прижми меня к сердцу милая
прижми меня к сердцу прижми

посмотри сквозь меня
сколько звезд ты во мне насчитаешь?
сколько падающих?
сколько летящих?
сколько тех что давно не горят?

я выскользну милая
выпрыгну
убегу улечу и исчезну
провалюсь уплыву
унесет гулким ветром
или птицей волною
пургою метлою
метр за метром
все дальше и дальше
за горизонт

но милая обещай
ты вцепишься
и схватишь меня за плечо
глазами моргнешь и напомнишь
где холодно
где горячо

разговоры III

посидим на дорожку
выпьем на дорожку
поедим на дорожку
и снова посидим
почитаем поговорим
только давай не поедем
давай перед нами
заяц пробежит
пробежит на дорожку
давай посидим
и не будем вставать

давай мы как яблоки
припадем к черствой земле
мягкие петельки червей
оставят только косточки от нас
мы прорастем прямо в небо
укроем их всех
крыльями ветками
пальцами глаз
посидим на дорожку
полетим улетим далеко

не откроем на стук
не выйдем на звук

зальем всю бумагу
морскими слезами

***

в утерянном укрылась память
а то что сохранилось и не вспомнить
все лица вдруг как будто окрылились
и в спешке обратились вспять
остались опустевшие пространства
столы и скатерти что бродят
стаканы мертвые от пьянства
и сад с протоптанной дорожкой
но уродившийся зачаток
в заботливой пыли
нальется кровью — отпечаток
останется в слоях коры.

Оглавление